Impressum
Verlag: BABADADA GmbH, Nedderfeld 112 , 22529 Hamburg
Geschäftsführer / Verlagsleitung: Harald Hof
Druck: Books on Demand GmbH, In de Tarpen 42, 22848 Norderstedt

Imprint
Publisher: BABADADA GmbH, Nedderfeld 112 , 22529 Hamburg, Germany
Managing Director / Publishing direction: Harald Hof
Print: Books on Demand GmbH, In de Tarpen 42, 22848 Norderstedt

l'école

სკოლა

la salle de classe
საკლასო ოთახი
diviser
გაყოფა
186/2
la cour (de récréation)
სკოლის ეზო
le tableau noir
დაფა
le professeur
მასწავლებელი
le papier
ქაღალდი
écrire
წერა
le stylo
კალამი
le bureau
მაგიდა
la règle
სახაზავი
le livre
წიგნი
მოსწავლე

le cartable
ზურგჩანთა

la trousse
პენალი

le crayon
ფანქარი

le taille-crayon
ფანქრების სათლელი

la gomme
საშლელი

le carnet à dessin
ნახატების ალბომი

le dessin

ნახატი

le pinceau

ფუნჯი

la boîte de peinture

საღებავის ყუთი

les ciseaux

მაკრატელი

la colle

წებო

le cahier d'exercices

სავარჯიშო რვეული

les devoirs

საშინაო დავალება

12

le chiffre

ნომერი

2+2

additionner

დამატება

5-2

soustraire

გამოკლება

2×2

multiplier

გამრავლება

calculer

გამოთვლა

A

la lettre

წერილი

ABCDEFG HIJKLMN OPQRSTU VWXYZ

l'alphabet

ანბანი

hello

le mot

სიტყვა

le texte

ტექსტი

lire

წაკითხვა

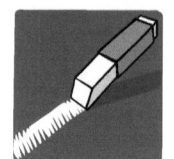

la craie

ცარცი

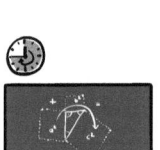

la leçon

გაკვეთილი

le livre de classe

რეგისტრაცია

l'examen

გამოცდა

le certificat

სერტიფიკატი

l'uniforme scolaire

სკოლის ფორმა

la formation

განათლება

le lexique

ენციკლოპედია

l'université

უნივერსიტეტი

le microscope

მიკროსკოპი

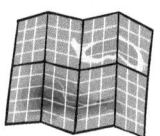

la carte

რუქა

la corbeille à papier

კალათა ნარჩენი
ქაღალდებისათვის

l'hôtel
სასტუმრო
l'auberge
ჰოსტელი
le bureau de change
ვალუტის გადაცვლის პუნქტი
la valise
ჩემოდანი
la voiture
მანქანა

la langue
ენა

oui / non
კი / არა

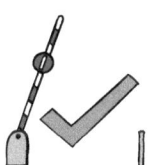

d'accord
კარგი

Salut
გამარჯობა

l'interprète
მთარგმნელი

merci
გმადლობთ

Combien coûte...?

რა ღირს... ?

Je ne comprends pas

ვერ გავიგე

le problème

პრობლემა

Bonsoir !

აღამო მშვიდობისა!

Bonjour !

დილა მშვიდობისა!

Bonne nuit !

ღამე მშვიდობისა!

Au revoir

ნახვამდის

la direction

მიმართულება

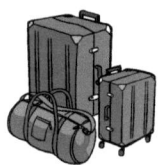

les bagages

ბარგი

le sac

ჩანთა

le sac-à-dos

ზურგჩანთა

l'hôte

სტუმარი

la pièce

ოთახი

le sac de couchage

საძილე ტომარა

la tente

კარავი

l'office de tourisme

ურისტული ინფორმაცია

la plage

სანაპირო

la carte de crédit

საკრედიტო ბარათი

le petit-déjeuner

საუზმე

le déjeuner

ლანჩი

le dîner

ვახშამი

le billet

ბილეთი

l'ascenseur

ლიფტი

le timbre

საფოსტო მარკა

la frontière

საზღვარი

la douane

საბაჟო

l'ambassade

საელჩო

le visa

ვიზა

le passeport

პასპორტი

le transport
ტრანსპორტი

l'avion
თვითმფრინავი
le navire
გემი
le véhicule de pompiers
სახანძრო მანქანა
le camion
სატვირთო მანქანა
le bus
ავტობუსი
bateau à moteur
ოტორიზებული ნავი
la voiture
მანქანა
la bicyclette
ველოსიპედი

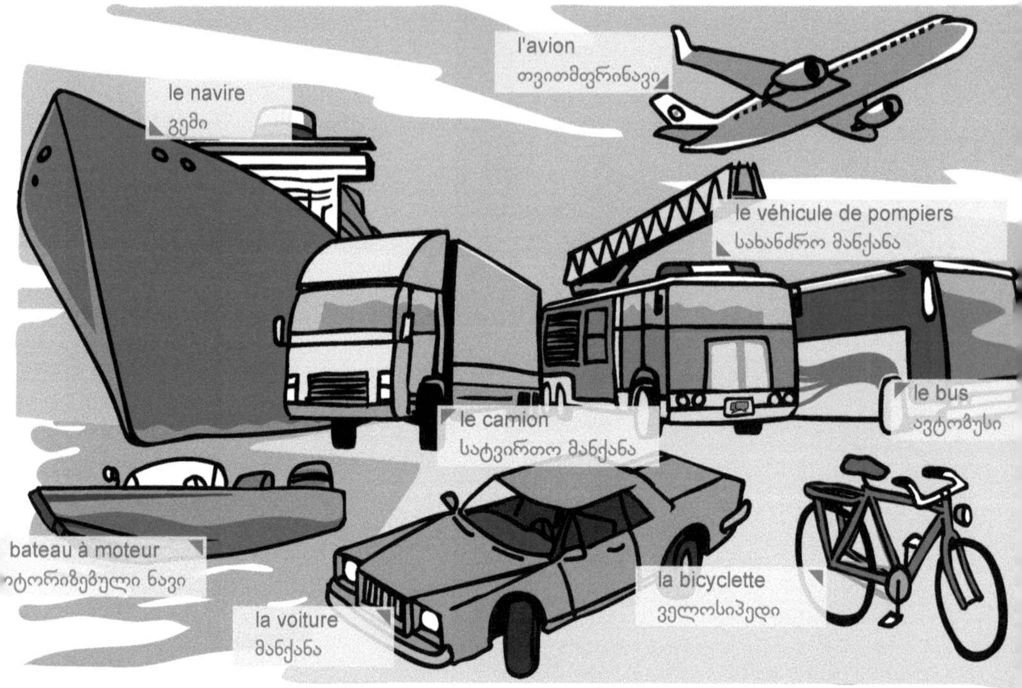

le ferry
ბორანი

la barque
ნავი

la moto
მოტოციკლი

la voiture de police
პოლიციის მანქანა

la voiture de course
სარბოლო მანქანა

la voiture de location
დაქირავებული მანქანა

l'auto-partage

მანქანის ერთობლივი მოხმარება

la voiture de remorquage

საბუქსირე მანქანა

la benne à ordures

ნაგვის მანქანა

le moteur

ძრავა

l'essence

საწვავი

la station d'essence

ბენზინგასამართი სადგური

le panneau indicateur

საგზაო ნიშანი

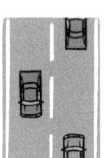

le trafic

მოძრაობა

l'embouteillage

საცობი

le parking

მანქანის სადგომი

la gare

მატარებლის სადგური

les rails

ლიანდაგები

le train

მატარებელი

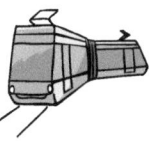

le tramway

ტრამვაი

le wagon

ვაგონი

l'hélicoptère

ვერტმფრენი

l'aéroport

აეროპორტი

la tour

კოშკი

le passager

მგზავრი

le conteneur

კონტეინერი

le carton

მუყაოს ყუთი

le chariot

ურიკა

la corbeille

კალათა

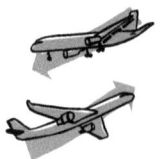

décoller / atterrir

აფრენა / დაშვება

la ville

ქალაქი

le village

სოფელი

le centre-ville

ქალაქის ცენტრი

la maison

სახლი

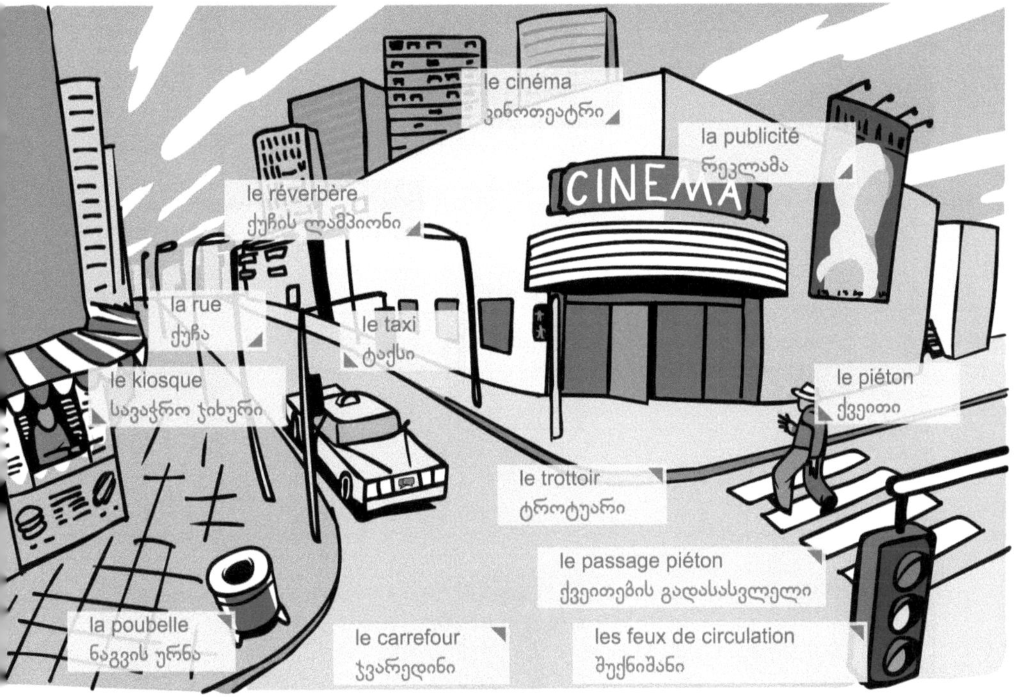

le cinéma
კინოთეატრი

la publicité
რეკლამა

le réverbère
ქუჩის ლამპიონი

la rue
ქუჩა

le taxi
ტაქსი

le kiosque
საგაზეთო ჯიხური

le piéton
ქვეითი

le trottoir
ტროტუარი

le passage piéton
ქვეითების გადასასვლელი

la poubelle
ნაგვის ურნა

le carrefour
ჯვარედინი

les feux de circulation
შუქნიშანი

CINEMA

la cabane

ქოხი

l'appartement

ბინა

la gare

მატარებლის სადგური

la mairie

მუნიციპალიტეტი

le musée

მუზეუმი

l'école

სკოლა

la ville - ქალაქი

l'université

უნივერსიტეტი

la banque

ბანკი

l'hôpital

საავადმყოფო

l'hôtel

სასტუმრო

la pharmacie

აფთიაქი

le bureau

ოფისი

la librairie

წიგნების მაღაზია

le magasin

მაღაზია

le fleuriste

ფლორისტი

le supermarché

სუპერმარკეტი

le marché

ბაზარი

le grand magasin

მაღაზიის განყოფილება

la poissonnerie

თევზის გამყიდველი

le centre commercial

სავაჭრო ცენტრი

le port

ნავსადგომი

la ville - ქალაქი

le parc

პარკი

la banque

გრძელი სკამი

le pont

ხიდი

les escaliers

კიბეები

le métro

მიწისქვეშა გადასასვლელი

le tunnel

გვირაბი

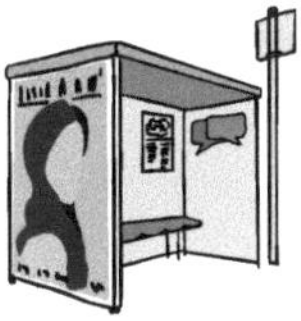

l'arrêt de bus

ავტობუსის გაჩერება

le bar

ბარი

le restaurant

რესტორანი

la boîte à lettres

საფოსტო ყუთი

le panneau indicateur

ქუჩის ნიშანი

le parcmètre

პარკინგის საზომი

le zoo

ზოოპარკი

le réverbère

საცურაო აუზი

la mosquée

მეჩეთი

la ferme

ფერმა

la pollution

გარემოს დაბინძურება

la cimetière

სასაფლაო

l'église

ეკლესია

l'aire de jeux

საბავშვო მოედანი

le temple

ტაძარი

le paysage

ლანდშაფტი

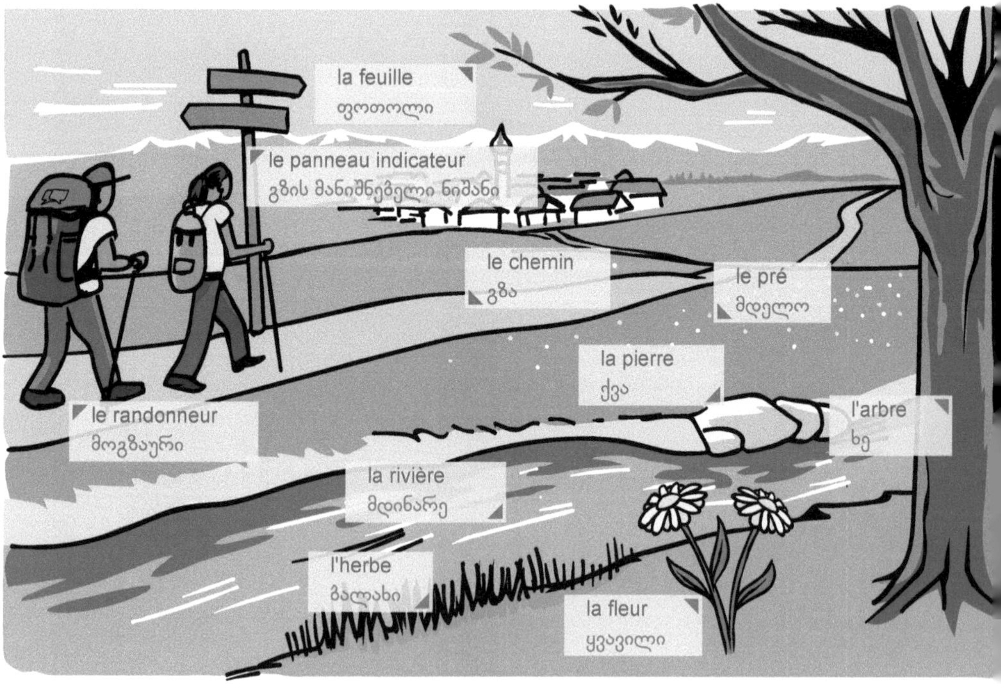

la feuille
ფოთოლი
le panneau indicateur
გზის მანიშნებელი ნიშანი
le chemin
გზა
le pré
მდელო
la pierre
ქვა
l'arbre
ხე
le randonneur
მოგზაური
la rivière
მდინარე
l'herbe
ბალახი
la fleur
ყვავილი

la vallée

ხეობა

la montagne

გორაკი

le lac

ტბა

la forêt

ტყე

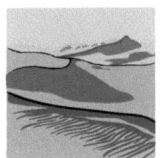

le désert

უდაბნო

le volcan

ვულკანი

le château

ციხე

l'arc-en-ciel

ცისარტყელა

le champignon

სოკო

le palmier

პალმა

le moustique

კოღო

la mouche

ბუზი

les fourmis

ჭიანჭველა

l'abeille

ფუტკარი

l'araignée

ობობა

le coléoptère

ხოჭო

la grenouille

ბაყაყი

l'écureuil

ციყვი

le hérisson

ზღარბი

le lièvre

კურდღელი

la chouette

ბუ

l'oiseau

ფრინველი

le cygne

გედი

le sanglier

ტახი

le cerf

ირემი

l'élan

ცხენ-ირემი

le barrage

კაშხალი

l'éolienne

ქარის ტურბინა

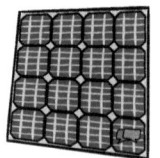

le panneau solaire

მზის ბატარეა

le climat

კლიმატი

le paysage - ლანდშაფტი

le serveur
მიმტანი

le menu
მენიუ

la chaise
სკამი

la soupe
სუპი

la pizza
პიცა

les couverts
დანა-ჩანგალი

la nappe
მაგიდაზე გადასაფარებელი

les hors d'œuvre
საუზმე

le plat principal
მთავარი კერძი

le dessert
დესერტი

les boissons
დასალევი

l'alimentation
საჭმელი

la bouteille
ბოთლი

le fast-food

სწრაფი კვება

les plats à emporter

ქუჩის საჭმელი

la théière

ჩაიდანი

le sucrier

საშაქრე

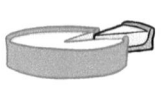

la portion

პორცია

la machine à expresso

ესპრესოს მანქანა

la chaise haute

მაღალი სკამი

la facture

ანგარიში

le plateau

ლანგარი

le couteau

დანა

la fourchette

ჩანგალი

la cuillère

კოვზი

la cuillère à thé

ჩაის კოვზი

la serviette

ხელსახოცი

le verre

ჭიქა

le restaurant - რესტორანი

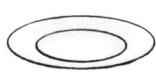

l'assiette

თეფში

l'assiette à soupe

სუპის თეფში

la soucoupe

ჩაის ლამბაქი

la sauce

საწებელი

la salière

სამარილე

le moulin à poivre

წიწაკის საფქვავი

le vinaigre

ძმარი

l'huile

ზეთი

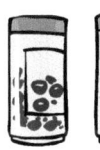

les épices

სანელებლები

le ketchup

კეტჩუპი

la moutarde

მდოგვი

la mayonnaise

მაიონეზი

le supermarché
სუპერმარკეტი

l'offre promotionnelle
სპეციალური შეთავაზება
le client
მომხმარებელი
les produits laitiers
რძის ნაწარმი
les fruits
ხილი
le chariot
ურიკა

la boucherie
საყასბო

la boulangerie
საცხობი

peser
აწონვა

les légumes
ბოსტნეული

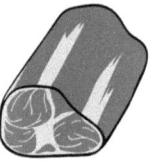

la viande
ხორცი

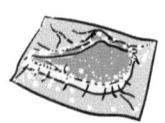

les aliments surgelés
გაყინული საკვები

la charcuterie

გრილი ხორცი

les conserves

კონსერვები

la poudre à lessive

სარეცხი ფხვნილი

les bonbons

ტკბილეული

les articles ménagers

საყოფაცხოვრებო
პროდუქტები

les détergents

სარეცხი საშუალებები

la vendeuse

გამყიდველი

la caisse

სალარო

le caissier

მოლარე

la liste d'achats

საყიდლების სია

les heures d'ouverture

მუშაობის საათები

le portefeuille

პორტმანი

la carte de crédit

საკრედიტო ბარათი

le sac

ჩანთა

le sac en plastique

პლასტიკური პარკი

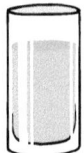

les boissons
დასალევი

l'eau

წყალი

le jus de fruit

წვენი

le lait

რძე

le coca

კოკა-კოლა

le vin

ღვინო

la bière

ლუდი

l'alcool

ალკოჰოლი

le chocolat chaud

კაკაო

le thé

ჩაი

le café

ყავა

l'expresso

ესპრესო

le cappuccino

კაპუჩინო

la banane

ბანანი

la pomme

ვაშლი

l'orange

ფორთოხალი

le melon

საზამთრო

le citron.

ლიმონი

la carotte

სტაფილო

l'ail

ნიორი

le bambou

ბამბუკი

l'oignon

ხახვი

le champignon

სოკო

les noisettes

კაკალი

les pâtes

ატრია

les spaghetti

სპაგეტი

le riz

ბრინჯი

la salade

სალათი

les pommes frites

ჩიპსები

les pommes de terre rôties

შემწვარი კარტოფილი

la pizza

პიცა

le hamburger

ჰამბურგერი

le sandwich

სენდვიჩი

l'escalope

კოტლეტი

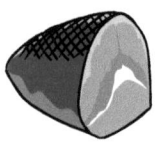

le jambon

ლორი

le salami

სალიამი

la saucisse

ძეხვი

le poulet

წიწილა

le rôti

შემწვარი ხორცი

le poisson

თევზი

les flocons d'avoine

....

შვრიის ფაფა

le muesli

....

მუსლი

les cornflakes

....

სიმინდის ფანტელები

la farine

....

ფქვილი

le croissant

....

კრუასანი

les petits-pains

....

ბულკი

le pain

....

პური

le pain grillé

....

ტოსტი

les biscuits

....

ნამცხვრები

le beurre

....

კარაქი

le fromage blanc

....

ხაჭო

le gâteau

....

ტორტი

l'œuf

....

კვერცხი

l'œuf au plat

....

ერბო-კვერცხი

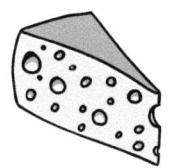

le fromage

....

ყველი

la glace

ნაყინი

le sucre

შაქარი

le miel

თაფლი

la confiture

ჯემი

la crème nougat

შოკოლადის კრემი

le curry

კარი

la ferme
სოფლის სახლი

la grange
თავლა

la botte de paille
ჩალის შეკვრა

le champ
ყანა

le cheval
ცხენი

la remorque
მისაბმელი

le poulain
კვიცი

le tracteur
ტრაქტორი

l'âne
ვირი

l'agneau
ცხვარი

le mouton
ცხვარი

la chèvre
თხა

la vache
ძროხა

le veau
ხბო

le porc
ღორი

le porcelet
გოჭი

le taureau
ხარი

l'oie

ბატი

le canard

იხვი

le poussin

წიწილა

la poule

ქათამი

le coq

მამალი

le rat

ვირთხა

le chat

კატა

la souris

თაგვი

le bœuf

ხარი

le chien

ძაღლი

le chenil

საძაღლე

le tuyau de jardin

ბაღის შლანგი

l'arrosoir

საბაღე წურწურა

la faucheuse

ცელი

la charrue

გუთანი

la faucille

ნამგალი

la pioche

თოხი

la fourche

პატივის სახვეტი ჩანგალი

la hache

ცული

la brouette

მაზიდი

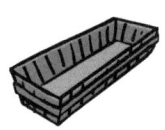

la cuve

გობი

le pot à lait

რძის ბიდონი

le sac

ტომარა

la clôture

ღობე

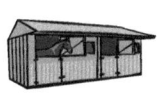

l'étable

ბოსელი

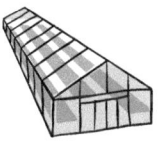

le serre

სათბური

le sol

ნიადაგი

les semences

თესლი

l'engrais

სასუქი

la moissonneuse-batteuse

მოსავლის ამღები კომბაინი

récolter

მოსავლის აღება

la récolte

მოსავალი

l'igname

იამი

le blé

ხორბალი

le soja

სოიო

la pomme de terre

კარტოფილი

le maïs

სიმინდი

le colza

სარევველას თესლი

l'arbre fruitier

ხეხილი

le manioc

მანიოკი

les céréales

მარცვლეული

la maison
სახლი

la cheminée
ბუხარი
le toit
სახურავი
la gouttière
წყალსადინარი მილი
la fenêtre
ფანჯარა
le garage
ავტოფარეხი
la sonnette
კარის ზარი
la porte
კარი
la poubelle
ნაგვის ყუთი
la boîte aux lettres
საფოსტო ყუთი
le jardin
ბაღი

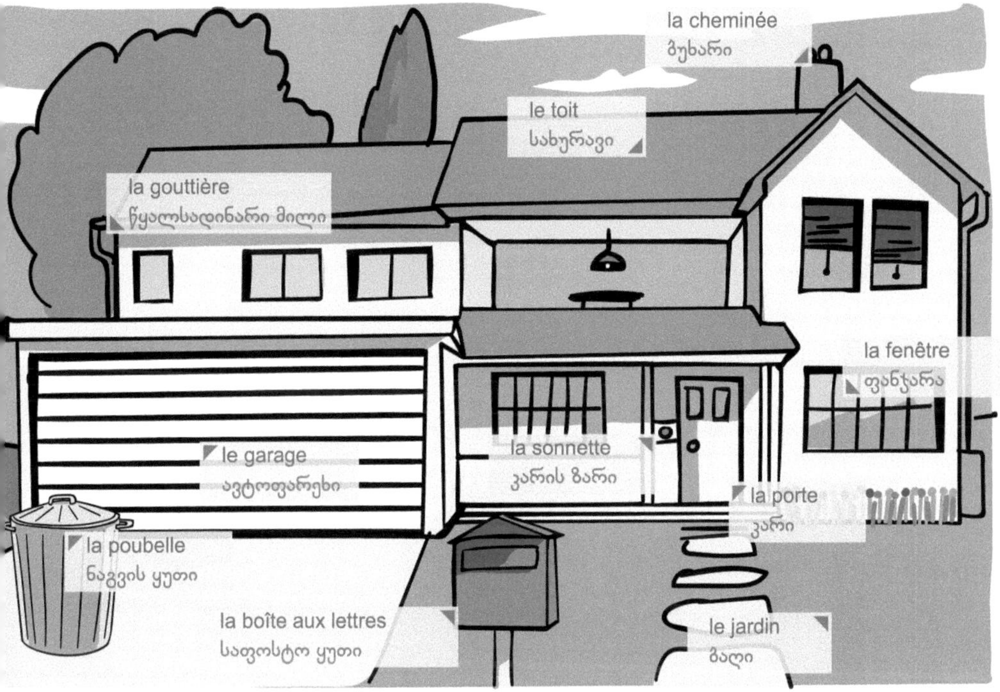

le salon
მისაღები ოთახი

la salle de bain
აბაზანა

la cuisine
სამზარეულო

la chambre à coucher
საძინებელი

la chambre d'enfant
საბავშვო ოთახი

la salle à manger
სასადილო ოთახი

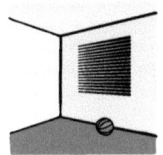

le sol

სართული

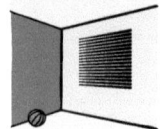

le mur

კედელი

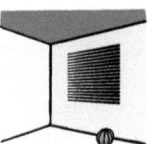

le plafond

ჭერი

la cave

სარდაფი

le sauna

საუნა

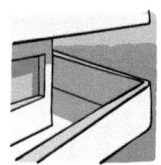

le balcon

აივანი

la terrasse

ტერასა

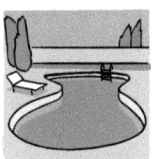

la piscine

აუზი

la tondeuse à gazon

გაზონის საკრეჭი

la housse

საბნის კონვერტი

la couette

საწოლი

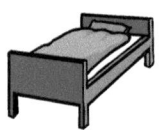

le lit

ლოგინი

le balai

ცოცხი

le sceau

სათლი

l'interrupteur

გადამრთველი

le salon

მისაღები ოთახი

le papier peint
შპალერი
l'image
ნახატი
la lampe
ნათურა
l'étagère
თარო
l'armoire
კარადა
la télé
ტელევიზორი
la cheminée
ბუხარი
la fleur
ყვავილი
le coussin
ბალიში
le sofa
დივანი
le vase
ვაზა
la télécommande
დისტანციური მართვა

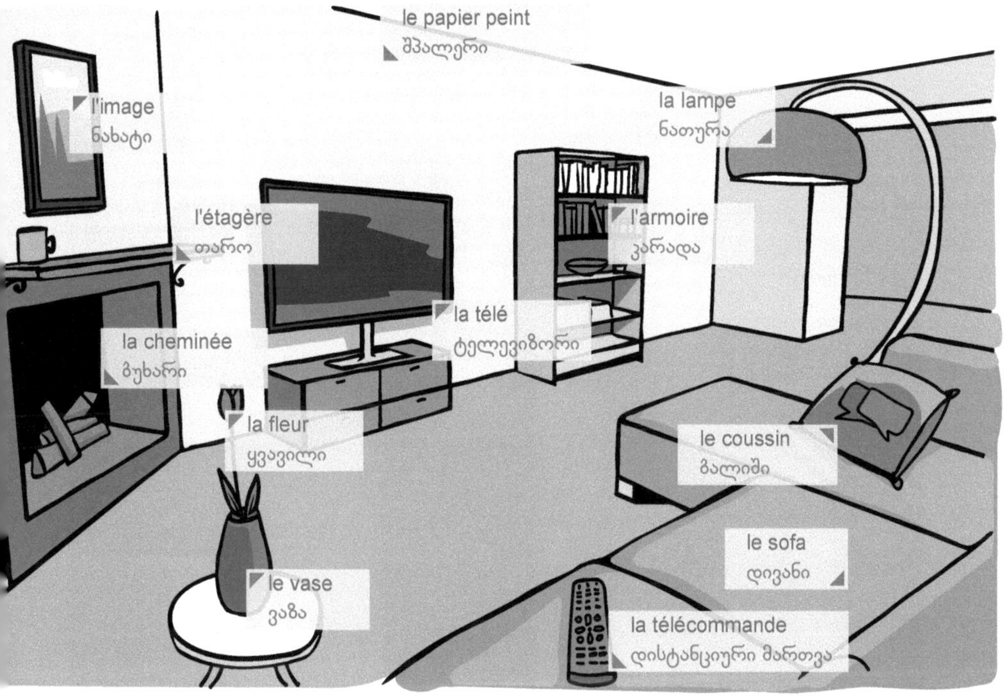

le tapis

ხალიჩა

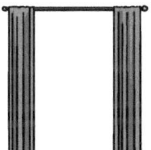

le rideau

ფარდა

la table

მაგიდა

la chaise

სკამი

la chaise à bascule

სარწეველა სკამი

le fauteuil

სავარძელი

le livre

წიგნი

la couverture

საბანი

la décoration

დეკორაცია

le bois de chauffage

შეშა

le film

ფილმი

la chaîne hi-fi

hi-fi მოწყობილობები

la clé

გასაღები

le journal

გაზეთი

la peinture

ფერწერა

le poster

პლაკატი

la radio

რადიო

le bloc-notes

ბლოკნოტი

l'aspirateur

მტვერსასრუტი

le cactus

კაქტუსი

la bougie

სანთელი

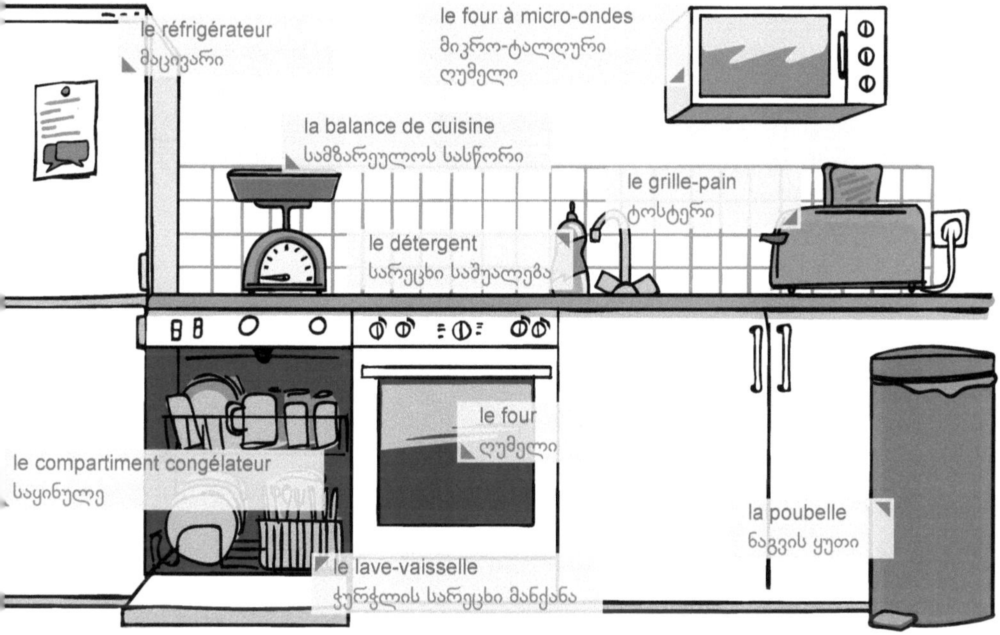

le réfrigérateur
მაცივარი

le four à micro-ondes
მიკრო-ტალღური
ღუმელი

la balance de cuisine
სამზარეულოს სასწორი

le grille-pain
ტოსტერი

le détergent
სარეცხი საშუალება

le four
ღუმელი

le compartiment congélateur
საყინულე

la poubelle
ნაგვის ყუთი

le lave-vaisselle
ჭურჭლის სარეცხი მანქანა

le four

გაზქურა

la casserole

ქოთანი

la marmite

თუჯის ქვაბი

le wok / kadai

ტაფა ამობერილი
ფსკერით

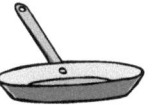

la poêle

ტაფა

la bouilloire electrique

ჩაიდანი

le cuiseur vapeur

ორთქლსახარში

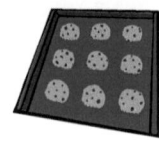

la plaque de cuisson

საცხობი ლანგარი

la vaisselle

ჭურჭელი

le gobelet

კათხა

la coupe

თასი

les baguettes

ჩინური ჩხირები

la louche

ჩამჩა

la spatule

ფითხი

le fouet

სათქვეფელა

la passoire

საწური

le tamis

საცერი

la râpe

სახეხი

le mortier

სანაყი

le barbecue

გრილი

la cheminée

კოცონი

la planche à découper

დაფა

le rouleau à pâtisserie

საგორავი

le tire-bouchon

ბურღი

la boîte

ქილა

l'ouvre-boîte

ქილის გასახსნელი

les maniques

ქოთნის დამჭერი

le lavabo

ნიჟარა

la brosse

ფუნჯი

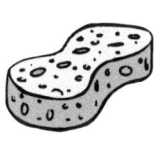

l'éponge

ღრუბელი

le mixeur

ბლენდერი

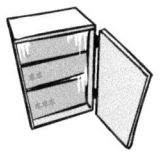

le congélateur

საყინულე კამერა

le biberon

საბავშვო ბოთლი

le robinet

ონკანი

la salle de bain

აბაზანა

le chauffage
გათბობა
la serviette
პირსახოცი
la douche
შხაპი
le rideau de douche
საშხაპე ფარდა
le bain moussant
ღრუბლიანი აბანო
la baignoire
ვანა
le verre
ჭიქა
la machine à laver
სარეცხი მანქანა
le robinet
ონკანი
le carrelage
ფილები
le pot
ღამის ქოთანი
le lavabo
ნიჟარა

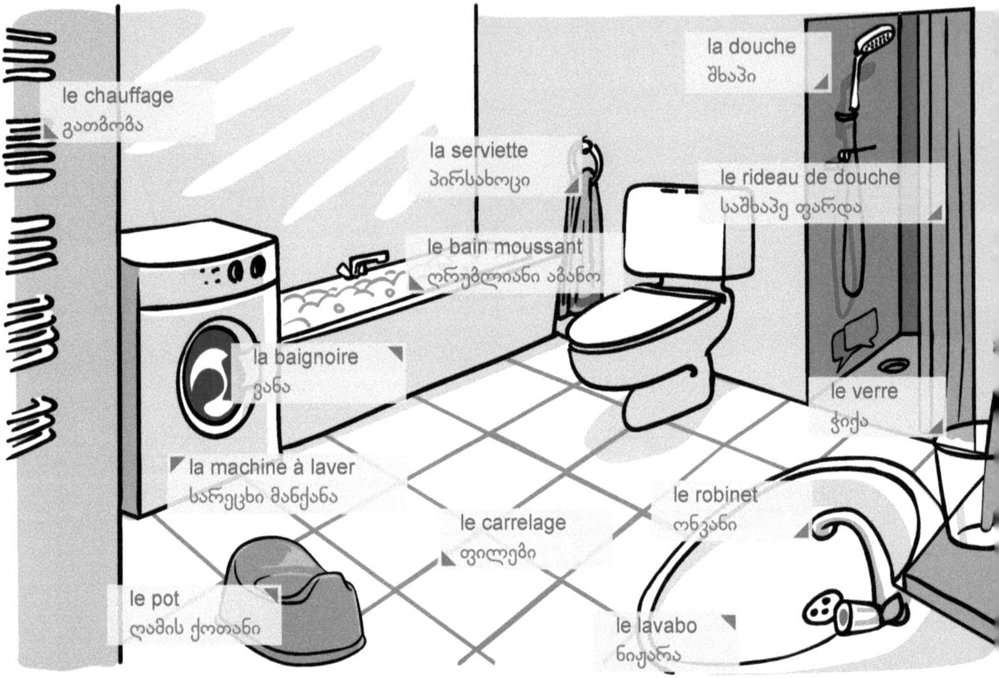

les toilettes

ტუალეტი

la toilette à la turque

იატაკის ტუალეტი

le bidet

ბიდე

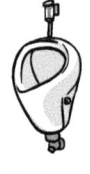

l'urinoir

კედლის პისუარი

le papier toilette

ტუალეტის ქაღალდი

la brosse à toilette

ტუალეტის ჯაგრისი

la brosse à dents

კბილის ჯაგრისი

le dentifrice

კბილის პასტა

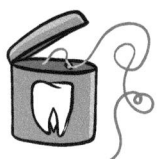

le fil dentaire

კბილის ძაფი

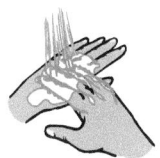

laver

რეცხვა

la douche manuelle

ხელის შხაპი

la douche intime

ინტიმური შხაპი

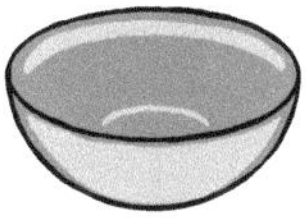

la vasque

ტაშტი

la brosse dorsale

ზურგის სახეხი ფუნჯი

le savon

საპონი

le gel douche

შხაპის გელი

le shampooing

შამპუნი

le gant de toilette

ნეჭა

l'écoulement

სანიაღვრე

la crème

კრემი

le déodorant

დეოდორანტი

le miroir

სარკე

le miroir cosmétique

ხელის სარკე

le rasoir

ბრიტვა

la mousse à raser

საპარსი ქაფი

l'après-rasage

საშუალება გაპარსვის შემდეგ

la peigne

სავარცხელი

la brosse

ჯაგრისი

le sèche-cheveux

თმის საშრობი

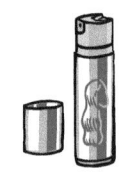

la laque pour cheveux

თმის ლაქი

le fond de teint

კოსმეტიკა

le rouge à lèvres

ტუჩების პომადა

le vernis à ongles

ფრჩხილის ლაქი

l'ouate

ბამბა

le coupe-ongles

ფრჩხილის მაკრატელი

le parfum

სუნამო

la trousse de toilette

კოსმეტიკის ჩანთა

le tabouret

ტაბურეტი

le pèse-personne

სასწორი

le peignoir

საბაზანო ხალათი

les gants de nettoyage

რეზინის ხელთათმანები

le tampon

ტამპონი

s serviettes hygiéniques

ანიტარული პირსახოცი

la toilette chimique

ბიო-ტუალეტი

la chambre d'enfant
საბავშვო ოთახი

le réveil
მაღვიძარა
le doudou
რბილი სათამაშო
la voiture jouet
სათამაშო მანქანა
le hochet
ჩხარუნა სათამაშო
la maison de poupée
თოჯინების სახლი
le cadeau
საჩუქარი

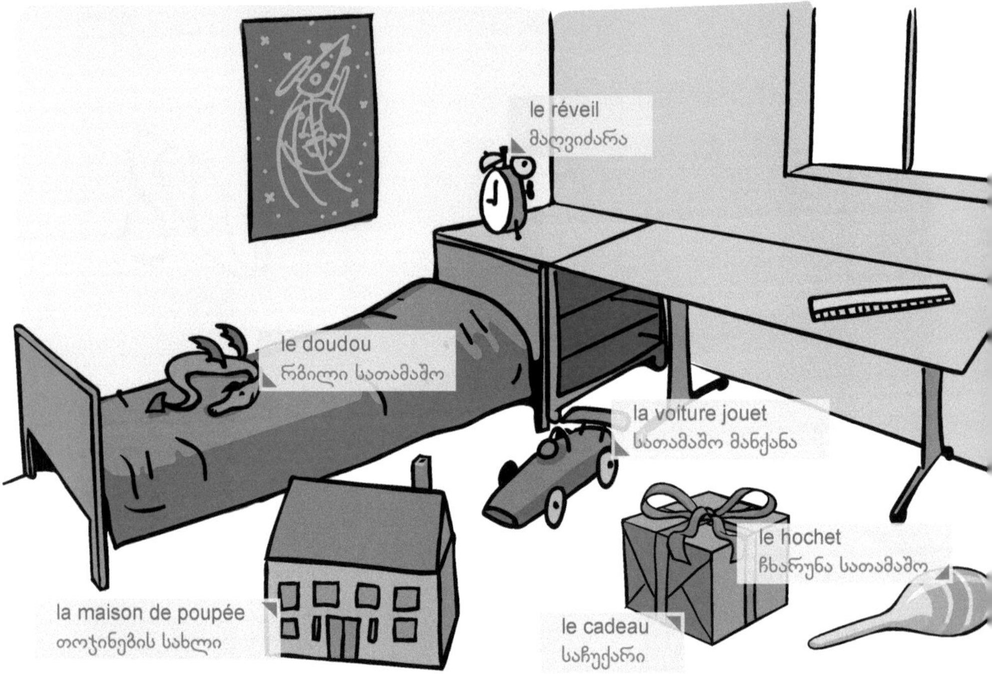

le ballon

ბუშტი

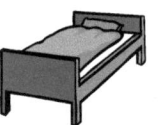

le lit

ლოგინი

la poussette

საბავშვო ეტლი

le jeu de cartes

კარტის თამაში

le puzzle

პაზლი

la bande dessinée

კომიკსი

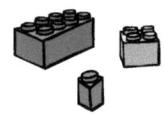

les pièces lego

ლეგოს აგურები

les blocs de construction

ასაშენებელი კუბიკები

la figurine

სათამაშო ფიგურა

la grenouillère

საცოცავი

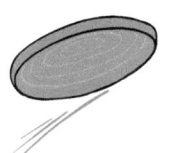

le frisbee

ფრისბი

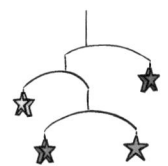

le mobile

მობილე

le jeu de société

სამაგიდო თამაში

le dé

კამათელი

le train miniature

რკინიგზის მოდელი

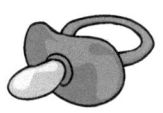

la sucette

საწოვარა

la fête

წვეულება

le livre d'images

წიგნი ნახატებით

la balle

ბურთი

la poupée

თოჯინა

jouer

თამაში

le bac à sable

საქვიშარი

la balançoire

საქანელა

les jouets

სათამაშოები

la console de jeu

ვიდეო თამაშის კონსოლი

le tricycle

სამთვლიანი ველოსიპედი

l'ours en peluche

დათუნია

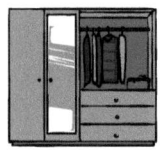

l'armoire

გარდერობი

les vêtements

ტანსაცმელი

les chaussettes

წინდები

les bas

ჩულქები

le collant

კოლგოტები

l'écharpe
შარფი

le parapluie
ქოლგა

le t-shirt
მკლავებიანი მაისური

la ceinture
ქამარი

les bottes
ფეხსაცმელი

les baskets
ბოტასები

les pantoufles
ჩუსტები

les sandales

სანდლები

les chaussures

ფეხსაცმელი

les bottes de caoutchouc

რეზინის ჩექმები

les sous-vêtements

ტრუსები

le soutien-gorge

ბიუსჰალტერი

le maillot de corps

მაისური

les vêtements - ტანსაცმელი 45

le body

სხეული

le pantalon

შარვალი

le jean

ჯინსი

la jupe

ქვედაკაბა

le chemisier

ბლუზი

la chemise

პერანგი

le pull

სვიტრი

le sweat à capuche

კაპიუშონიანი ჟაკეტი

la veste

სპორტული ქურთუკი

la veste

ჟაკეტი

le manteau

პალტო

l'imperméable

საწვიმარი

le costume

კოსტუმი

la robe

კაბა

la robe de mariée

საქორწილო კაბა

le costume

კაცის კოსტიუმი

la chemise de nuit

ღამის პერანგი

le pyjama

პიჟამოები

le sari

სარი

le foulard

თავშალი

le turban

ტურბანი

la burqa

ჩადრი

le caftan

ხიფთანი

l'abaya

აბაია

le maillot de bain

საცურაო კოსტუმი

le maillot de bain

ჩემოდნები

le short

შორტები

a tenue d'entraînement

პორტული კოსტიუმი

le tablier

წინსაფარი

les gants

ხელთათმანები

le bouton

ღილი

les lunettes

სათვალეები

le bracelet

სამაჯური

le collier

ყელსაბამი

la bague

ბეჭედი

la boucle d'oreille

საყურე

le bonnet

კეპი

le cintre

საკიდი

le chapeau

ქუდი

la cravate

ჰალსტუხი

la fermeture éclair

ელვა-შესაკრავის შეკვრა

le casque

ჩაფხუტი

les bretelles

აჭიმი

l'uniforme scolaire

სკოლის ფორმა

l'uniforme

ფორმა

le bavoir

ბავშვის წინსაფარი

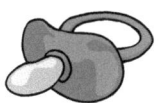

la sucette

საწოვარა

la lange

პამპერსი

le bureau

ოფისი

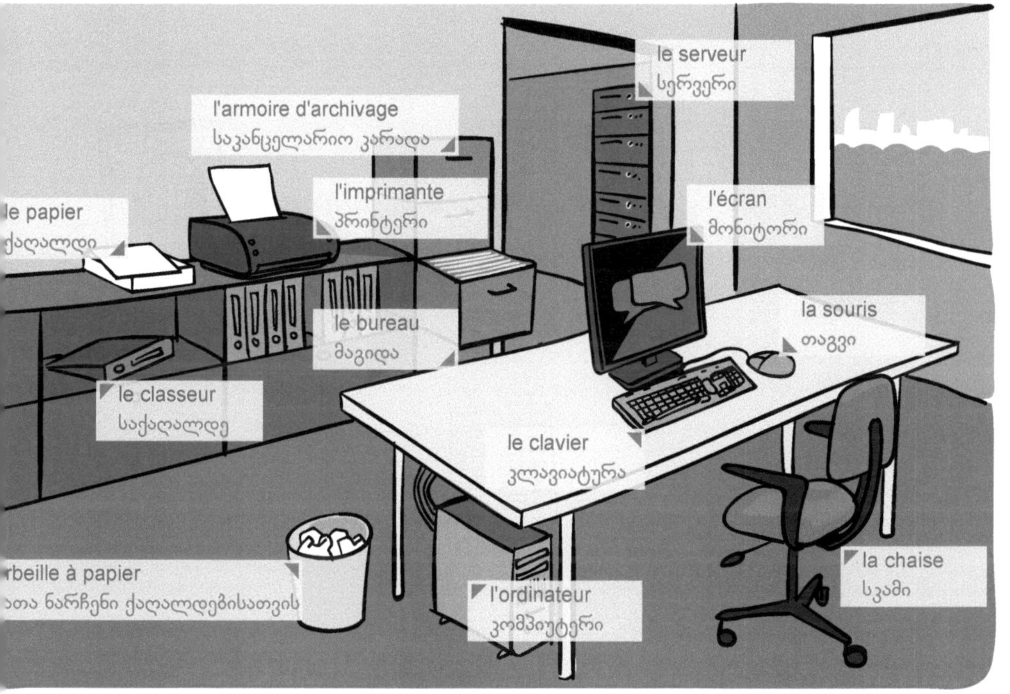

l'armoire d'archivage
საკანცელარიო კარადა

le serveur
სერვერი

l'imprimante
პრინტერი

l'écran
მონიტორი

le papier
ქაღალდი

le bureau
მაგიდა

la souris
თაგვი

le classeur
საქაღალდე

le clavier
კლავიატურა

la chaise
სკამი

beille à papier
ათა ნარჩენი ქაღალდებისათვის

l'ordinateur
კომპიუტერი

la tasse de café

ყავის ფინჯანი

la calculatrice

კალკულატორი

l'internet

ინტერნეტი

l'ordinateur portable

ლეპტოპი

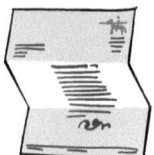

la lettre

წერილი

le message

მესიჯი

le portable

მობილური ტელეფონი

le réseau

ქსელი

la photocopieuse

სკანერი

le logiciel

პროგრამული
უზრუნველყოფა

le téléphone

ტელეფონი

la prise

როზეტი

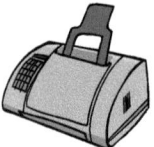

le fax

ფაქსის მანქანა

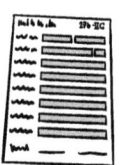

le formulaire

ფორმულარი

le document

დოკუმენტი

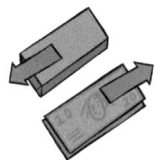

acheter

ყიდვა

payer

გადახდა

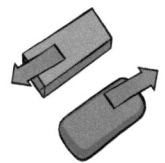

faire du commerce

ვაჭრობა

la monnaie

ფული

USD

le dollar

დოლარი

EUR

l'euro

ევრო

JPY

le yen

იენი

RUB

le rouble

რუბლი

CHF

le franc suisse

შვეიცარული ფრანკი

CNY

le renminbi yuan

ჟენმინბი იუანი

INR

la roupie

რუპი

le distributeur automatique

ბანკომატი

le bureau de change

ვალუტის გადაცვლის პუნქტი

l'or

ოქრო

l'argent

ვერცხლი

le pétrole

ნავთობი

l'énergie

ენერგია

le prix

ფასი

le contrat

ხელშეკრულება

la taxe

გადასახადი

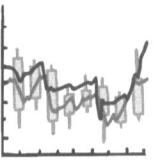

l'action

აქცია

travailler

მუშაობა

l'employé

თანამშრომელი

l'employeur

დამსაქმებელი

l'usine

ქარხანა

le magasin

მაღაზია

les professions
პროფესიები

l'agent de police
პოლიციის ოფიცერი
le pompier
მეხანძრე
le cuisinier
მზარეული
le médecin
ექიმი
le pilote
მფრინავი

le jardinier
მებაღე

le menuisier
დურგალი

la couturière
თეთრეულის მკერავი ქალბატონი

le juge
მოსამართლე

le chimiste
ქიმიკოსი

l'acteur
მსახიობი

le conducteur de bus

ავტობუსის მძღოლი

le chauffeur de taxi

ტაქსის მძღოლი

le pêcheur

მეთევზე

la femme de ménage

დამლაგებელი ქალბატონი

le couvreur

სახურავის ოსტატი

le serveur

მიმტანი

le chasseur

მონადირე

le peintre

ფერმწერი

le boulanger

მცხობელი

l'électricien

ელექტრიკოსი

l'ouvrier

მშენებელი

l'ingénieur

ინჟინერი

le boucher

ყასაბი

le plombier

სანტექნიკოსი

le facteur

ფოსტალიონი

le soldat

ჯარისკაცი

l'architecte

არქიტექტორი

le caissier

მოლარე

le fleuriste

ფლორისტი

le coiffeur

პარიკმახერი

le contrôleur

კონდუქტორი

le mécanicien

მექანიკოსი

le capitaine

კაპიტანი

le dentiste

სტომატოლოგი

le scientifique

მეცნიერი

le rabbin

რაბინი

l'imam

იმამი

le moine

ბერი

le prêtre

სასულიერო პირი

les outils
იარაღები

les pinces
ბრტყელტუჩა
le marteau
ჩაქუჩი
le tournevis
სახრახნისი
la torche
ჯიბის სანათი
la clé
ქანჩის გასაღები

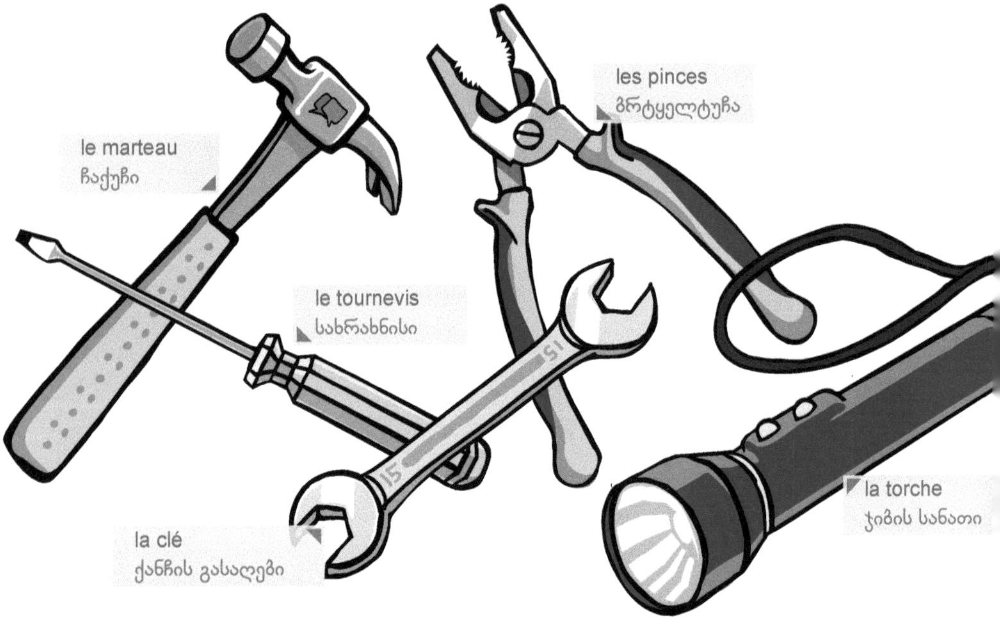

la pelleteuse

ექსკავატორი

la boîte à outils

იარაღების ყუთი

l'échelle

კიბე

la scie

ხერხი

les clous

ლურსმები

la perceuse

საბურღი

réparer

შეკეთება

la pelle

ნიჩაბი

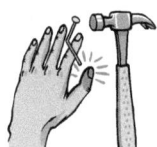

Mince !

ანდაზა!

la pelle

აქანდაზი

le pot de peinture

საღებავის ქოთანი

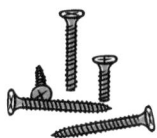

les vis

ხრახნები

les instruments de musique
მუსიკალური ინსტრუმენტები

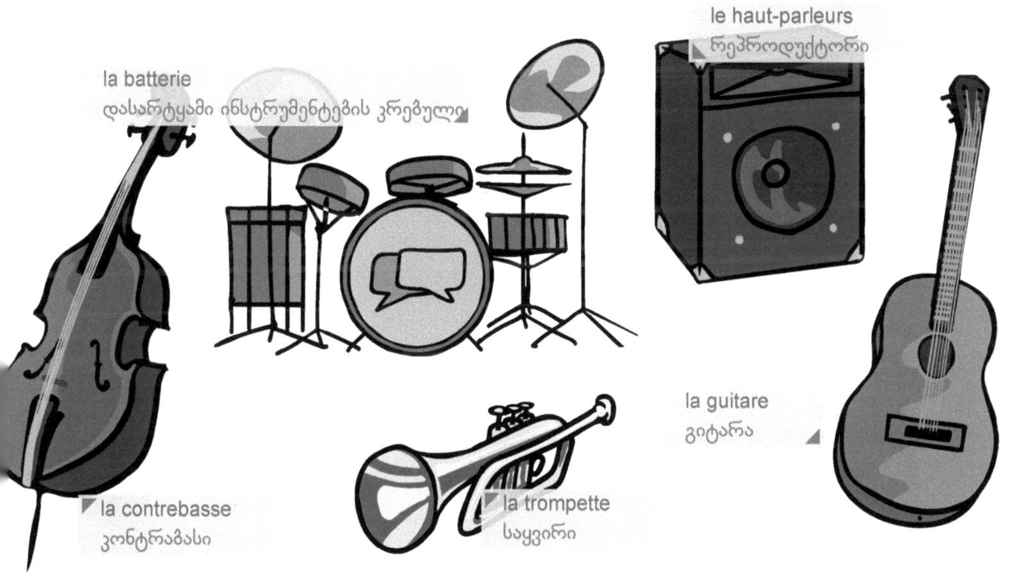

la batterie
დასარტყამი ინსტრუმენტების კრებული

le haut-parleurs
რეპროდუქტორი

la guitare
გიტარა

la contrebasse
კონტრაბასი

la trompette
საყვირი

le piano

ფორტეპიანო

le violon

ვიოლინო

la basse

ბასი

les timbales

ტიმპანონი

le tambour

დასარტყამები

le piano électrique

კლავიშები

le saxophone

საქსოფონი

la flûte

ფლეიტა

le microphone

მიკროფონი

l'entrée
შესასვლელი

le tigre
ვეფხვი

la cage
გალია

le zèbre
ზებრა

l'alimentation animale
ცხოველთა საკვები

le panda
პანდა

les animaux
ცხოველები

l'éléphant
სპილო

le kangourou
კენგურუ

le rhinocéros
მარტორქა

le gorille
გორილა

l'ours
დათვი

le chameau
აქლემი

l'autruche
სირაქლემა

le lion
ლომი

le singe
მაიმუნი

le flamand rose
ფლამინგო

le perroquet
თუთიყუში

l'ours polaire
პოლარული დათვი

le pingouin
პინგვინი

le requin
ზვიგენი

le paon
ფარშევანგი

le serpent
გველი

le crocodile
ნიანგი

le gardien de zoo
ზოოპარკის მფლობელი

le phoque
სელაპი

le jaguar
იაგუარი

le poney

პონი

le léopard

ლეოპარდი

l'hippopotame

ბეჰემოტი

la girafe

ჟირაფი

l'aigle

არწივი

le sanglier

ტახი

le poisson

თევზი

la tortue

კუ

le morse

მორჟი

le renard

მელა

la gazelle

გაზელი

les sports
სპორტი

l'american Football
ამერიკული ფეხბურთი
le cyclisme
ველოსპორტი
le tennis
ჩოგბურთი
le basket-ball
კალათბურთი
la natation
ცურვა
la boxe
კრივი
le hockey sur glace
ყინულის ჰოკეი

le football
ფეხბურთი

le badminton
ბადმინტონი

l'athlétisme
მძლეოსნობა

le handball
ხელბურთი

le ski
სათხილამურო სპორტი

le polo
წყლის პოლო

rire
დაცინვა
sauter
გადახტომა
embrasser
ჩახუტება
marcher
chanter
სიმღერა
rêver
ოცნებობა
prier
ლოცვა
faire la bise
კოცნა

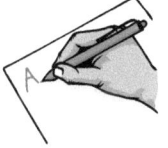

écrire
წერა

dessiner
დახატვა

montrer
ჩვენება

pousser
დაჭერა

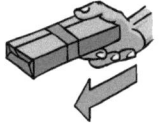

donner
მიცემა

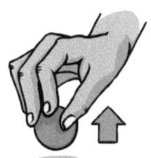

prendre
აღება

avoir

ქონა

faire

კეთება

être

ყოფნა

être debout

დგომა

courir

გარბენა

trier

მოქაჩვა

jeter

გადაყრა

tomber

დაცემა

être couché

ტყუილის თქმა

attendre

მოცდენა

porter

ტარება

être assis

ჯდომა

s'habiller

ჩაცმა

dormir

ძილი

se réveiller

გაღვიძება

regarder

დათვალიერება

pleurer

ტირილი

caresser

გაუთოება

peigner

დავარცხნა

parler

ლაპარაკი

comprendre

გაგება

demander

შეკითხვა

écouter

მოსმენა

boire

დალევა

manger

ჭამა

ranger

დალაგება

aimer

ყვარება

cuire

კერძების მზადება

conduire

სვლა

voler

ფრენა

les activités - მოქმედებები 65

faire de la voile

აფრის ქვეშ სიარული

calculer

გამოთვლა

lire

წაკითხვა

apprendre

შესწავლა

travailler

მუშაობა

se marier

ქორწინება

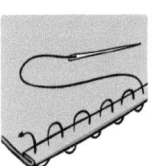

coudre

კერვა

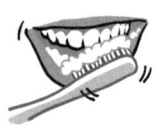

brosser les dents

კბილების ხეხვა

tuer

მოკვლა

fumer

მოწევა

envoyer

გაგზავნა

grand-mère
ბია

le grand-père
ბაბუა

le père
მამა

la mère
დედა

le bébé
ბაგშვი

la fille
ქალიშვილი

le fils
ვაჟიშვილი

l'hôte

სტუმარი

la tante

დეიდა

l'oncle

ბიძა

le frère

ძმა

la sœur

და

le corps
სხეული

le front
შუბლი
l'œil
თვალი
l'épaule
მხარი
le doigt
თითი
le visage
სახე
le menton
ნიკაპი
la main
ხელი
la jambe
ფეხი
la poitrine
მკერდი
le bras
მკლავი

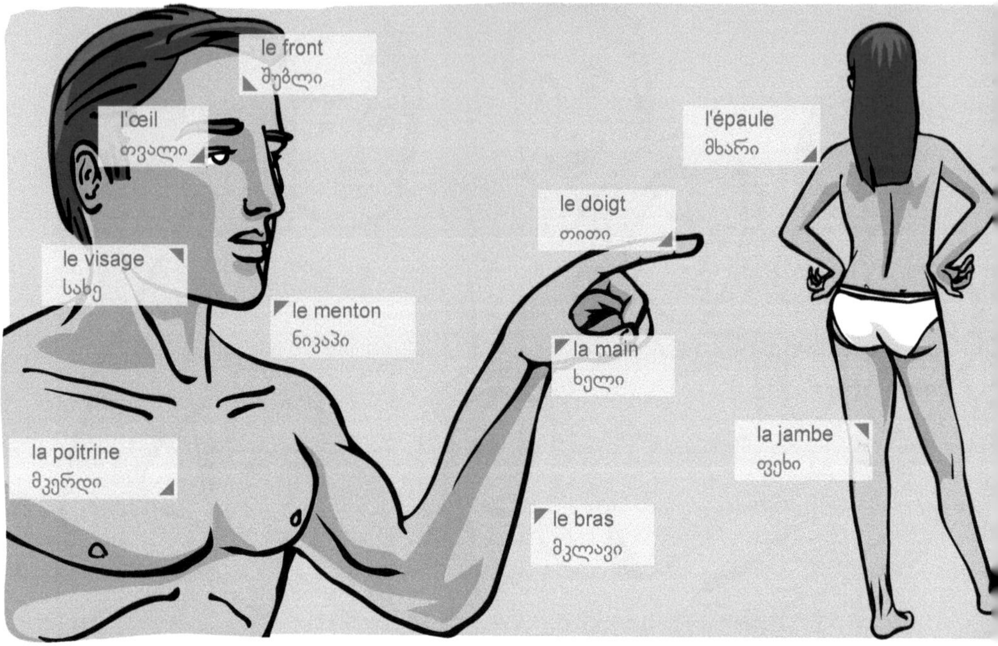

le bébé
ბავშვი

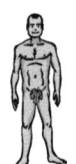

l'homme
კაცი

la femme
ქალი

la fille
გოგო

le garçon
ბიჭი

la tête
თავი

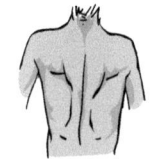

le dos

ზურგი

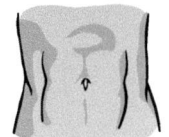

le ventre

მუცელი

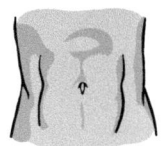

le nombril

ჭიპი

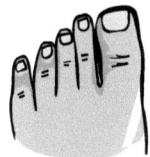

l'orteil

ფეხის თითი

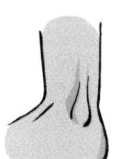

le talon

ქუსლი

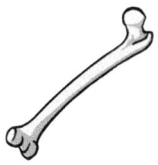

l'os

ძვალი

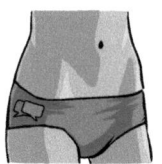

la hanche

ბარძაყი

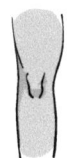

le genou

მუხლი

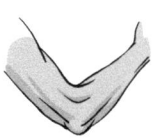

le coude

იდაყვი

le nez

ცხვირი

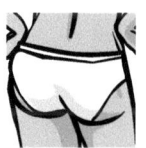

les fesses

დუნდულა

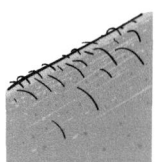

la peau

კანი

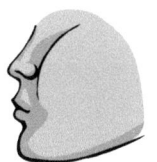

la joue

ლოყა

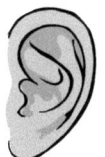

l'oreille

ყური

la lèvre

ტუჩი

la bouche

პირი

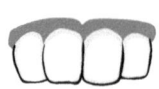

la dent

კბილი

la langue

ენა

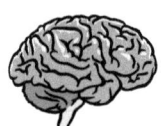

le cerveau

ტვინი

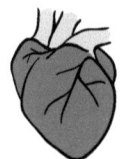

le cœur

გული

le muscle

კუნთი

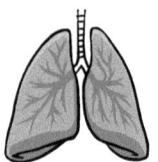

les poumons

ფილტვი

le foie

ღვიძლი

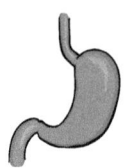

l'estomac

კუჭი

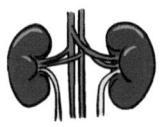

les reins

თირკმელები

le rapport sexuel

სექსი

le préservatif

პრეზერვატივი

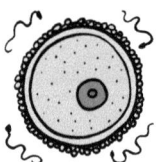

l'ovule

კვერცხუჯრედი

le sperme

სპერმა

la grossesse

ორსულობა

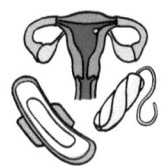

la menstruation

მენსტრუაცია

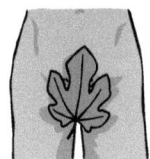

le vagin

საშო

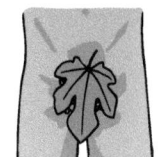

le pénis

პენისი

le sourcil

წარბი

les cheveux

თმა

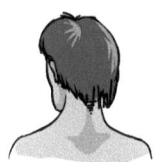

le cou

კისერი

l'hôpital
საავადმყოფო

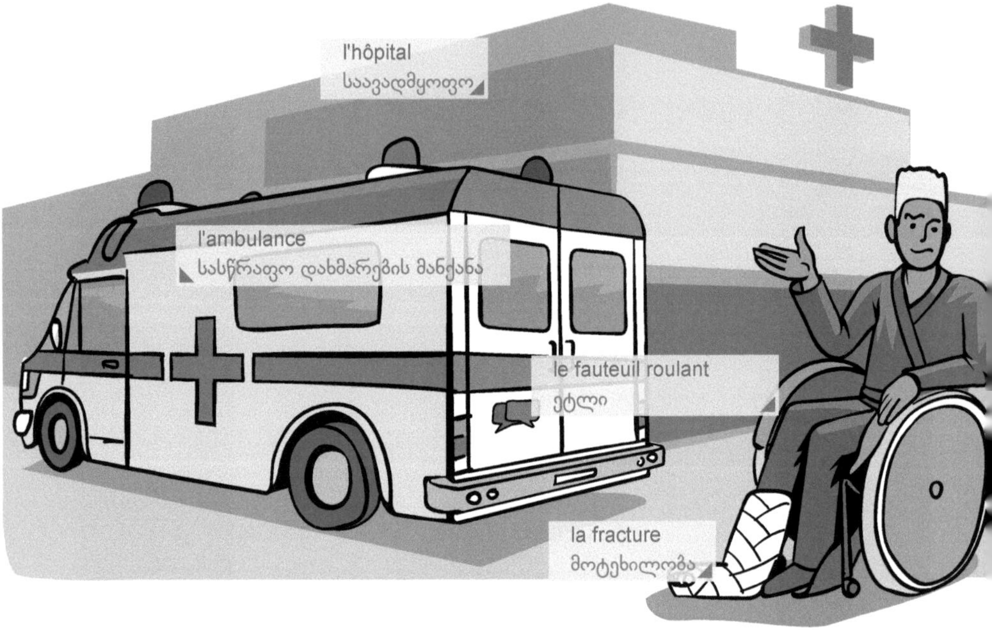

l'hôpital
საავადმყოფო
l'ambulance
სასწრაფო დახმარების მანქანა
le fauteuil roulant
ეტლი
la fracture
მოტეხილობა

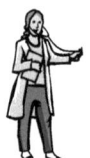

le médecin

ექიმი

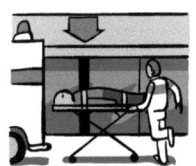

le service des urgences

პირველი დახმარების ოთახი

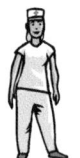

l'infirmière

მედდა

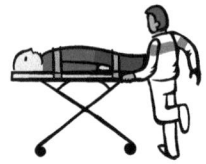

l'urgence

გადაუდებელი შემთხვევა

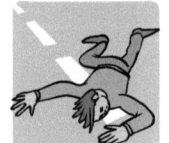

inconscient

უგონოდ მყოფი

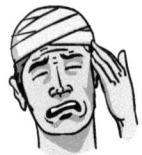

la douleur

ტკივილი

la blessure

დაზიანება

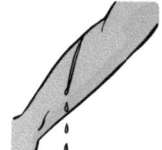

l'hémorragie

სისხლდენა

la crise cardiaque

გულის შეტევა

l'attaque cérébrale

ინსულტი

l'allergie

ალერგია

la toux

ხველა

la fièvre

ცხელება

la grippe

გრიპი

la diarrhée

დიარეა

le mal de tête

თავის ტკივილი

le cancer

კიბო

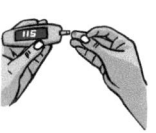

le diabète

დიაბეტი

le chirurgien

ქირურგი

le scalpel

სკალპელი

l'opération

ოპერაცია

le CT

 კტ

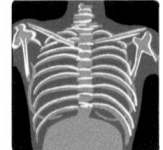

la radiographie

რენტგენი

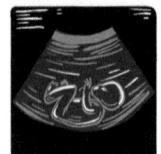

l'échographie

ულტრაბგერა

le masque

ნიღაბი

la maladie

დაავადება

la salle d'attente

მოსაცდელი ოთახი

la béquille

ყავარჯენი

le pansement

თაბაშირი

le pansement

ბინტი

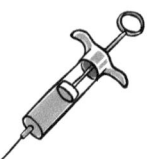

l'injection

ინექცია

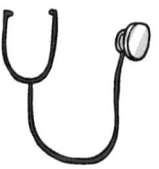

le stéthoscope

სტეტოსკოპი

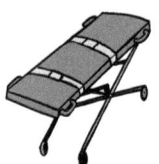

le brancard

საკაცე

le thermomètre

თერმომეტრი

l'accouchement

დაბადება

la surcharge pondérale

ჭარბი წონა

l'appareil auditif

სმენის აპარატი

le désinfectant

სადეზინფექციო საშუალება

l'infection

ინფექცია

le virus

ვირუსი

le VIH / le sida

აივ / შიდსი

le médicament

წამალი

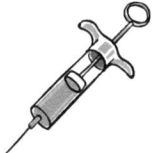

la vaccination

ვაქცინაცია

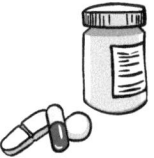

les comprimés

ტაბლეტები

la pilule

აბი

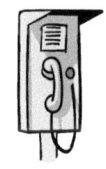

l'appel d'urgence

დაუდებელი გამოძახება

le tensiomètre

წნევის საზომი აპარატი

malade / sain

ავადმყოფი / ჯანმრთელი

l'urgence

გადაუდებელი შემთხვევა

Au secours !

დამეხმარეთ!

l'alarme

განგაში

l'assaut

თავდასხმა

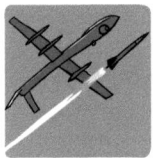

l'attaque

შეტევა

le danger

საფრთხე

la sortie de secours

სათადარიგო გასასვლელი

Au feu!

ხანძარი!

l'extincteur

ცეცხლსაქრობი

l'accident

უბედური შემთხვევა

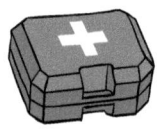

la trousse de premier secours

პირველადი დახმარების აფთიაქი

SOS

SOS

la police

პოლიცია

la terre

დედამიწა

l'Europe

ევროპა

l'Amérique du Nord

ჩრდილოეთ ამერიკა

l'Amérique du Sud

სამხრეთ ამერიკა

l'Afrique

აფრიკა

l'Asie

აზია

l'Australie

ავსტრალია

l'Océan atlantique

ატლანტიკა

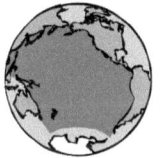

l'Océan pacifique

წყნარი ოკეანე

l'Océan indien

ინდოეთის ოკეანე

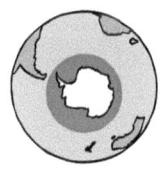

l'Océan antarctique

ანტარქტიკის ოკეანე

l'Océan arctique

ჩრდილოეთის ყინულოვანი ოკეანე

le Pôle nord

ჩრდილოეთ პოლუსი

le Pôle sud

სამხრეთ პოლუსი

l'Antarctique

ანტარქტიდა

la terre

დედამიწა

le pays

ხმელეთი

la mer

ზღვა

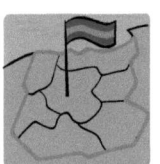

l'île

კუნძული

la nation

ერი

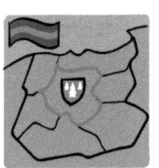

l'état

სახელმწიფო

le cadran

ციფერბლატი

l'aiguille des heures

საათების ისარი

l'aiguille des minutes

წუთების ისარი

l'aiguille des secondes

წამების ისარი

Quelle heure est-il ?

რომელი საათია?

le jour

დღე

le temps

დრო

maintenant

ახლა

la montre digitale

ციფრული საათი

la minute

წუთი

l'heure

საათი

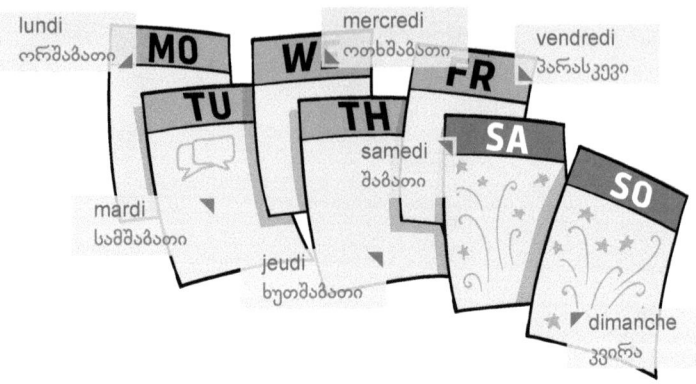

lundi
ორშაბათი

mercredi
ოთხშაბათი

vendredi
პარასკევი

mardi
სამშაბათი

samedi
შაბათი

jeudi
ხუთშაბათი

dimanche
კვირა

hier

გუშინ

aujourd'hui

დღეს

demain

ხვალ

le matin

დილა

le midi

შუადღე

le soir

საღამო

MO	TU	WE	TH	FR	SA	SU
1	2	3	4	5	6	7
8	9	10	11	12	13	14
15	16	17	18	19	20	21
22	23	24	25	26	27	28
29	30	31	1	2	3	4

les jours ouvrables

სამუშაო დღეები

MO	TU	WE	TH	FR	SA	SU
1	2	3	4	5	6	7
8	9	10	11	12	13	14
15	16	17	18	19	20	21
22	23	24	25	26	27	28
29	30	31	1	2	3	4

le week-end

შაბათი-კვირა

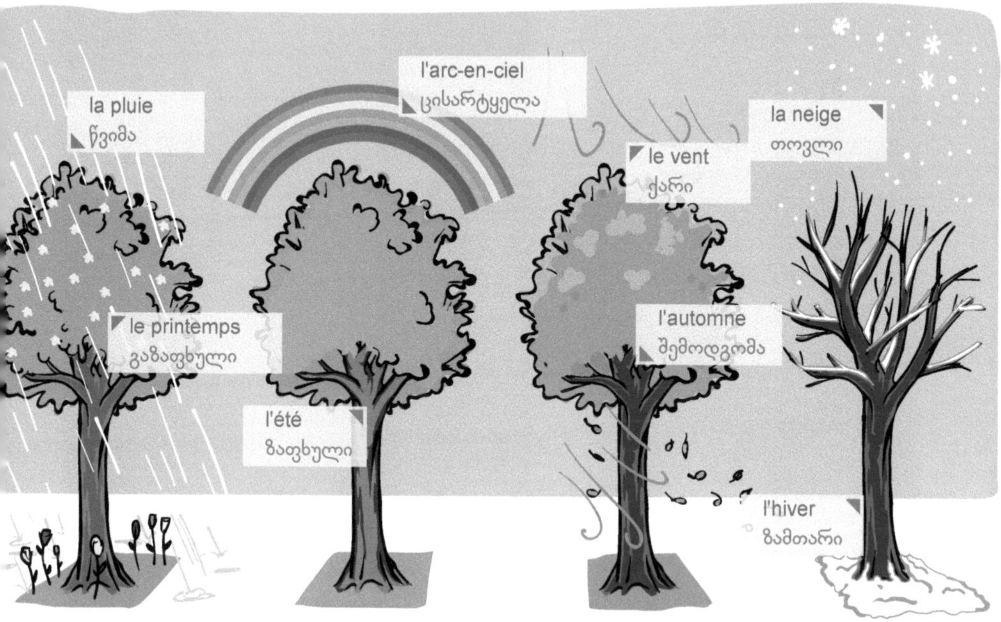

l'arc-en-ciel
ცისარტყელა
la pluie
წვიმა
la neige
თოვლი
le vent
ქარი
le printemps
გაზაფხული
l'automne
შემოდგომა
l'été
ზაფხული
l'hiver
ზამთარი

la météo
....
ამინდის პროგნოზი

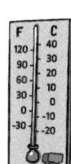

le thermomètre
....
თერმომეტრი

la lumière du soleil
....
მზის სხივი

le nuage
....
ღრუბელი

le brouillard
....
ნისლი

l'humidité
....
ტენიანობა

la foudre

ელვა

la tonnerre

ქუხილი

la tempête

შტორმი

la grêle

სეტყვა

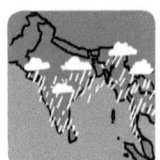

la mousson

მუსონი

l'inondation

წყალდიდობა

la glace

ყინული

janvier

იანვარი

février

თებერვალი

mars

მარტი

avril

აპრილი

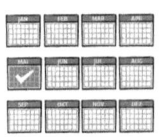

mai

მაისი

juin

ივნისი

juillet

ივლისი

août

აგვისტო

l'année - წელი

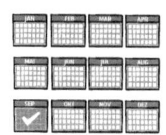

septembre

სექტემბერი

octobre

ოქტომბერი

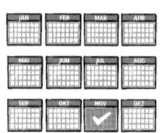

novembre

ნოემბერი

décembre

დეკემბერი

les formes
ფორმები

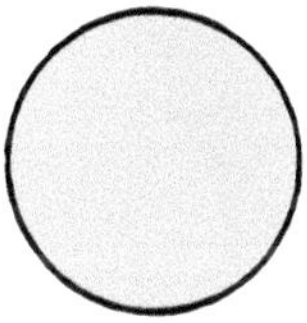

le cercle

წრე

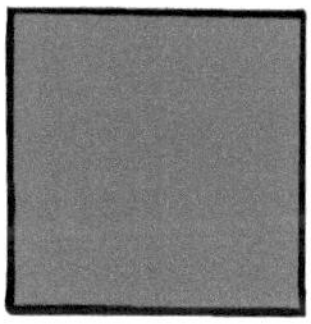

le carré

კვადრატი

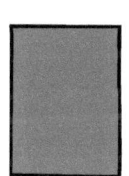

le rectangle

მართკუთხედი

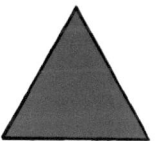

le triangle

სამკუთხედი

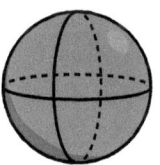

la sphère

სფერო

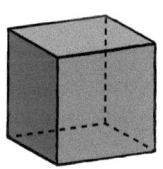

le cube

კუბი

les couleurs
ფერები

blanc

თეთრი

jaune

ყვითელი

orange

ნარინჯისფერი

rose

ვარდისფერი

rouge

წითელი

violet

იისფერი

bleu

ცისფერი

vert

მწვანე

marron

ყავისფერი

gris

ნაცრისფერი

noir

შავი

les oppositions

საპირისპიროები

beaucoup / peu

ბევრი / ცოტა

fâché / calme

გაბრაზებული / მშვიდი

joli / laid

ლამაზი / მახინჯი

le début / la fin

დასაწყისი / დასასრული

grand / petit

დიდი / პატარა

clair / obscure

ნათელი / მუქი

frère / soeur

ძმა / და

propre / sale

სუფთა / ჭუჭყიანი

complet / incomplet

სრული / არასრული

le jour / la nuit

დღე / ღამე

mort / vivant

მკვდარი / ცოცხალი

large / étroit

განიერი / ვიწრო

comestible / incomestible

საჭმელად ვარგისი / საჭმელად უვარგისი

méchant / gentil

ბოროტი / კეთილი

excité / ennuyé

შთამბეჭდავი / მოსაწყენი

gros / mince

სქელი / თხელი

le premier / le dernier

პირველი / ბოლო

l'ami / l'ennemi

მეგობარი / მტერი

plein / vide

სრული / ცარიელი

dur / souple

მყარი / რბილი

lourd / léger

მძიმე / მსუბუქი

faim / soif

მოშიებული / მწყურვალე

malade / sain

ავადმყოფი / ჯანმრთელი

illégal / légal

არალეგალური / ლეგალური

intelligent / stupide

ინტელექტუალი / სულელი

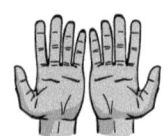

gauche / droite

მარცხენა / მარჯვენა

proche / loin

ახლოს / შორს

nouveau / usé

ახალი / გამოყენებული

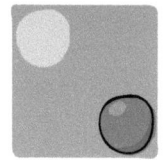

rien / quelque chose

არაფერი / რაღაცა

vieux / jeune

მოხუცი / ახალგაზრდა

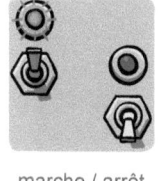

marche / arrêt

ჩართვა / გამორთვა

ouvert / fermé

ღია / დახურული

faible / fort

ჩუმი / ხმამაღალი

riche / pauvre

მდიდარი / ღარიბი

correct / incorrect

მართალი / მტყუანი

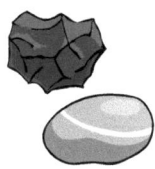

rugueux / lisse

უხეში / გლუვი

triste / heureux

სევდიანი / ბედნიერი

court / long

მოკლე / გრძელი

lent / rapide

ნელი / სწრაფი

mouillé / sec

სველი / მშრალი

chaud / froid

თბილი / გრილი

la guerre / la paix

ომი / მშვიდობა

les nombres
რიცხვები

0

zéro

ნული

1

un / une

ერთი

2

deux

ორი

3

trois

სამი

4

quatre

ოთხი

5

cinq

ხუთი

6

six

ექვსი

7

sept

შვიდი

8

huit

რვა

9

neuf

ცხრა

10

dix

ათი

11

onze

თერთმეტი

12

douze

თორმეტი

13

treize

ცამეტი

14

quatorze

თოთხმეტი

15

quinze

თხუთმეტი

16

seize

თექვსმეტი

17

dix-sept

ჩვიდმეტი

18

dix-huit

თვრამეტი

19

dix-neuf

ცხრამეტი

20

vingt

ოცი

100

cent

ასი

1.000

mille

ათასი

1.000.000

le million

მილიონი

les langues
ენები

l'anglais
ინგლისური

l'anglais américain
ამერიკული ინგლისური

le chinois mandarin
ჩინური მანდარინი

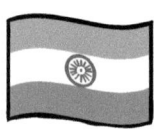

le hindi
ჰინდი

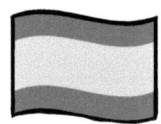

l'espagnol
ესპანური

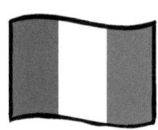

le français
ფრანგული

l'arabe
არაბული

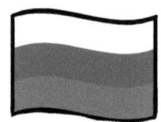

le russe
რუსული

le portugais
პორტუგალიური

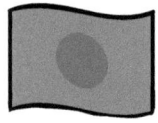

le bengali
ბენგალური

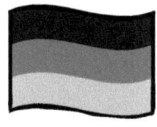

l'allemand
გერმანული

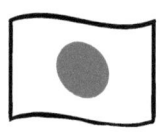

le japonais
იაპონური

qui / quoi / comment
ვინ / რა / როგორ

je

მე

tu

შენ

il / elle / ce, c', cela

ის / ის / იგი

nous

ჩვენ

vous

თქვენ

ils / elles

ისინი

Qui ?

ვინ?

Quoi ?

რა?

Comment ?

როგორ?

Où ?

სად?

Quand ?

როდის?

le nom

სახელი

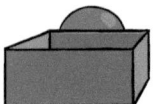

où

სად

derrière

უკან

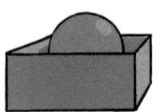

dans

შიგნით

devant

წინ

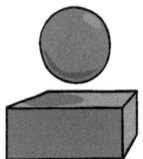

au-dessus

ზედ

sur

=-ზე

en-dessous

ქვეშ

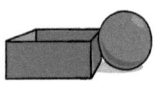

à côté de

გვერდით

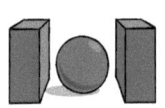

entre

შორის

le lieu

ადგილი